AF502199

25 novembre 1895

99P

CATALOGUE

DE LA

COLLECTION

DE FEU

M. HARBAVILLE

DE BOULOGNE-SUR-MER

VENTE A PARIS

HOTEL DROUOT, SALLE N° 6

DU 25 AU 29 NOVEMBRE 1895

10996 — May et Motteroz, Lib.-Imp. réunies,
7, rue Saint-Benoît, Paris.

Étude de Me BOULLAND, commissaire-priseur, à Paris.
26, RUE DES PETITS-CHAMPS, 26

VENTE AUX ENCHÈRES PUBLIQUES

DE LA

COLLECTION

DE

Feu M. HARBAVILLE

(De Boulogne-sur-Mer)

COMPRENANT

PORCELAINES ANCIENNES DE SÈVRES

et autres fabriques européennes

FAIENCES ANCIENNES

DE ROUEN, NEVERS, DELFT, STRASBOURG, ALLEMANDES, ANGLAISES, ETC.

TABLEAUX ANCIENS

Meubles anciens de diverses époques,

Gravures, livres, dessins, miniatures

OBJETS D'ART ANCIENS

Dont la vente aura lieu HOTEL DROUOT, salle n° 6

Les 25, 26, 27, 28, 29 novembre 1895

A deux heures précises.

Me BOULLAND	**MM. GANDOUIN**
COMMISSAIRE-PRISEUR	EXPERTS
26, rue des Petits-Champs, 26	31, rue des Saints-Pères, 31
PARIS.	70, faubourg Saint-Honoré, 70

CHEZ LESQUELS SE DISTRIBUE LE CATALOGUE

EXPOSITION : le dimanche 24 novembre 1895

de 1 heure 1/2 à 5 heures 1/2.

ORDRE DES VACATIONS

LUNDI. — *Faïences anciennes, verrerie*, nos 364 à 576.

MARDI. — *Porcelaines anciennes européennes, de la Chine et du Japon*, nos 116 à 363.

MERCREDI. — *Porcelaines de Sèvres*, nos 1 à 115.

JEUDI. — *Émaux miniatures*, nos 577 à 592.

Argenterie, meubles, objets d'art, nos 593 à 710.

VENDREDI. — *Tableaux, dessins, gravures, livres*, nos 711 à 900.

CONDITIONS DE LA VENTE

Elle aura lieu au comptant.

Les acquéreurs payeront 5 pour 100 en sus des adjudications applicables aux frais.

L'exposition ayant mis les acquéreurs à même de se rendre compte de la nature et de l'état des objets, il ne sera admis aucune réclamation une fois l'adjudication prononcée.

DÉSIGNATION

PORCELAINES DE SÈVRES

1. — Six assiettes, bordure, bleu turquoise, rehaussé d'or encadrant au marli, et au centre une guirlande de liserons, pâte tendre, 1787-1789. Décor de Mmes Maquerez, Fumez et Sophie Charron, pâte tendre.

2. — Six coquetiers à anse du même service, pâte tendre. Décor de Mme Maquerez.

3. — Douze assiettes fond blanc, bordure vannerie, décor semis de bouquets, 1779, 1780, 1782; par Binet-Lebel, Mme Gérard, pâte tendre.

4. — Trois coquetiers à anses, pâte tendre, fond blanc et bouquets, 1757-1779 (un fracturé).

5. — Tasse cul de poule et sa sous-tasse, pâte tendre, fond blanc avec arabesques en or, dorure de Vendée.

6. — Petite tasse dite mignonnette et sa sous-tasse, pâte tendre, fond blanc et bouquets, 1765.

7. — Tasse forme bol à anse et sa sous-tasse, pâte tendre, fond blanc à bandes circulaires bleu turquoise et guirlandes de fleurs, 1787. Décor de Fontaine.

8. — Tasse cul de poule et sa sous-tasse, pâte tendre, décor pilastres bleu et rouge ponceau, et guirlandes de feuillages. Décor de Capelle.

9. — Service à thé pâte tendre, composé de six tasses forme bol, à anses avec sous-tasses, théière, sucrier et pot au lait, fond vert et or ; œil de perdrix avec bouquets de roses dans des médaillons marqués Sèvres, en noir. Décor de Cornaille, dorure de Théodore.

10. — Deux coquetiers à anse, pâte tendre, fond gros bleu et bouquets dans les réserves.

11. — Petit pot à pommade, pâte tendre, fond blanc et bouquets.

12. — Salière double, pâte tendre, fond blanc et semis de bouquets. Décor de Tardi.

13. — Quatre pots à crème, pâte tendre ; fond blanc et semis de bouquets, 1759. Décor de Tardi et autres, et plateau de piédouche (1777).

14. — Petite tasse dite mignonnette, forme bol et sous-tasse, pâte tendre, décor bandes diagonales bleu turquoise et or, alternant avec des guirlandes de fleurs. Décor de Tandart.

15. — Petit plateau à biscuits sur piédouche, pâte tendre, décor semis de bouquets.

16. — Beurrier forme cuvier à anses carrées adhérant au plateau avec couvercle, pâte tendre, décor bleu turquoise, rehaussé de guirlandes en or. Dorure de Boullinier.

17. — Voir le n° 92.

18. — Deux tasses cul de poule et sous-tasses, pâte tendre, bords dentelés d'or. Oiseaux et paysages en camaïeu rose. Décor de Fontaine (1759).

19. — Tasse cul de poule et sous-tasse, pâte tendre, fond blanc et bouquets, bords dentelés d'or et filets bleus. Coup de feu.

20. — Verrière grande pièce, pâte tendre, fond rose vermiculé bleu et or. Médaillons avec oiseaux dans un paysage, 1761. Décorée après coup..

21. — Plateau forme ronde, sur pieds en consoles, pâte tendre, fond bleu turquoise avec six réserves ornées de guirlandes de feuillage destinées à recevoir des pots à crème. Décor de Mlle Parpette.

22. — Coquille pour hors-d'œuvre, pâte tendre, fond blanc à bouquets détachés, bord doré. Joyau, 1754.

23. — Cabaret dit solitaire, composé d'une tasse cul de poule, pot au lait, théière, sucrier et plateau forme losange, bords dentelés et filets bleus. Décor de bouquets détachés par Moiron fils.

24. — Sucrier avec plateau adhérent et couvercle, pâte tendre, filets bleus et bouquets, 1774.

25. — Coquille à hors-d'œuvre, pâte tendre, fond blanc rehaussé de bleu, filet d'or et bouquets, 1758.

26. — Pot à anse avec couvercle monté en vermeil, pâte tendre, avec semis de bouquets, 1756.

27. — Soucoupe fond jaune, décorée d'arabesques, pâte tendre, R. F.

28. — Sucrier et son couvercle, pâte tendre, fond blanc et bouquets. Décor de Humy, 1772.

29. — Tasse forme boisseau et sa sous-tasse, pâte tendre, décorée d'un chiffre, bouquets et guirlandes par Vasseur, 1786.

30. — Tasse forme boisseau et sa sous-tasse, pâte tendre.

31. — Porte-huilier, pâte tendre, fond blanc et bouquets, 1773. Fêlure.

32. — Petite tasse forme boisseau et sa sous-tasse, bordure violet rehaussé d'or encadrant des arabesques; pâte tendre, décor de Capelle, 1785.

33. — Petit pot au lait forme broc, pâte tendre et semis de bouquets.

34. — Assiette, pâte tendre, fond blanc, bouquet au centre et guirlandes de fleurs en bordure. Décor de Bauduin, 1773.

35. — Assiette, pâte tendre, à bords jaunes, fond décoré d'un semis de liserons, 1788.

36. — Sucrier forme baignoire avec plateau et couvercle à anses dentelées entrelacées; bordure dentelée or, pâte tendre, fond blanc et semis de bouquets par Noël, 1756.

37. — Deux seaux à rafraîchir à base arrondie sur piédouche à anses, pâte tendre, fond bleu turquoise, avec réserves formant médaillons (un fêlé) entourés d'arabesques et guirlandes de fleurs en or, contenant d'un côté, amours, de l'autre, panier de fleurs et de fruits, 1763.

38. — Sucrier forme oblongue, son plateau et son couvercle, à anses doubles entrelacées, pâte tendre, de la famille du chou figuré par des rehauts d'or, fond rose d'une grande pureté avec douze médaillons décorés d'oiseaux.

39. — Petit pot au lait couvert d'arabesques, guirlandes de fleurs multicolores et rehauts d'or, pâte tendre, 1769.

40. — Petit sucrier, pâte tendre, de même décor.

41. — Petit pot forme casque, pâte tendre, fond bleu lapis, orné d'arabesques en or et d'un paysage de Rosset, bordure de Mme Gérard.

42. — Chocolatière forme urne à anses détachées et sa soucoupe, pâte tendre, fond bleu de roi avec réserves et petits bouquets. Décor de Pierre jeune, 1794.

43. — Imitation. Plateau carré à bords relevés et coins arrondis, pâte tendre, fond gros bleu, réserves avec oiseaux, fleurs et guirlandes dorées.

44. — Grand bol côtelé à bords festonnés, pâte tendre, fond blanc, semis de bouquets par Choisy.

45. — Écuelle à anses doubles entrelacées à bords festonnés, son plat et son couvercle, pâte tendre,

bordure dents de loup dorée, fond blanc, décor de bosquets par Levé.

46. — Tasse forme évasée et sous-tasse, pâte tendre, fond blanc et bouquets (Vincennes).

47. — Sucrier forme octogonale, pâte tendre, décor de paysages genre Saxe avant 1753.

48. — Deux petites tasses à anses et sous-tasses dites mignonnettes, fond quadrillé or avec bleuets, pâte tendre. Décor de Pierre jeune, 1782.

49. — Tasse forme boisseau et sous-tasse, pâte tendre, fond blanc et bouquets par Courmelin.

50. — Tasse et sous-tasse forme boisseau, pâte tendre, fond bleu de roi avec guirlandes de fleurs, 1792. Dorure de Richard, recollée.

51. — Grand légumier carré à base et coins arrondis, pâte tendre, fond blanc avec semis de bouquets par Binet, 1758.

52. — Voir le n° 98.

53. — Pièce semblable à la précédente.

54. — Voir le n° 96.

55. — Petit pot à fard, fond vert, pâte tendre.

56. — Grande tasse, dite trembleuse, sa sous-tasse à cuvette et son couvercle, pâte tendre, fond blanc, décoré de sujets pastoraux et attributs genre Watteau en camaïeu rose, 1754.

57. — Tasse forme bol et sous-tasse, pâte dure, provenant d'un service de Louis-Philippe, fond bleu turquoise, médaillons avec amours, 1844.

58. — Tasse forme boisseau, pâte dure, fond blanc, filets d'or, 1842.

59. — Tasse dite mignonnette, pâte dure, époque Louis XVI, fond blanc et filets d'or.

60. — Salière double, pâte dure, fond blanc et bouquets, 1780.

61. — Vase forme calice, pâte dure, époque Louis XVI, fond blanc, attributs dorés en bordure; au centre, un bouquet de roses, de l'autre face, le chiffre de Marie-Antoinette, formé de guirlandes de fleurs (fêlure).

65. — Moutardier, pâte dure, fond bleu moucheté d'or.

66. — Tasse forme boisseau et sa sous-tasse, pâte dure, ornée de guirlandes en grisailles et cercles dorés.

67. — Médaillon genre Weegwood, pâte dure, portrait de Louis XVIII.

68. — Médaillon semblable, portrait de François Ier.

69. — Médaillon semblable, portrait de Henri IV.

70. — Médaillon semblable, portrait de Louis XV.

71. — Bonbonnière, Vincennes, pâte tendre, couvercle en argent, décor, trophée et fleurs de lis.

72. — Bouilloire, pâte dure, fond rouge ponceau, réserves avec décor de Chinois. Anse mobile montée en argent, pièce rare.

73. — Pot à l'eau forme broc, pâte tendre, fond rose Dubarry avec enfants, sujets champêtres dans les médaillons, 1757.

74. — Compotier provenant du même service, pâte tendre, même décor.

75. — Deux compotiers, pâte tendre, bords festonnés, fond bleu turquoise rehaussé d'or à l'intérieur et à l'extérieur, paysages et oiseaux, 1761.

76. — Assiette, pâte tendre, avec médaillons entourés d'une zone verte et bouquets.

77. — Deux fragments d'un vase, pâte tendre, décor oiseaux, bordure jaune.

78. — Deux verrières, pâte tendre, fond blanc à filets d'or (une recollée).

79. — Étui aplati quadrillé de fleurs, monture en or, pâte tendre.

80. — Petite tasse et sous-tasse, pâte dure, avec fleurs en relief, genre chinois, décor aventurine et or.

81. — Tasse forme cul de poule, sous-tasse et couvercle, pâte tendre, décor œil de perdrix bleu pâle avec pensées dans les réserves, 1768. Thévenet père.

82. — Moutardier, pâte tendre, fond blanc, semis de bouquets, filets bleus.

83. — Quatre coquetiers, pâte tendre (Vincennes), fond blanc et bouquets.

84. — Médaillon pâte tendre, biscuit Louis XV.

85. — Deux cassolettes blanc et or au chiffre de Louis-Philippe.

86. — Coquetier blanc et or au chiffre de Louis-Philippe.

87. — Petit pot au lait blanc et or au chiffre de Louis-Philippe.

88. — Sucrier blanc et or au chiffre de Louis-Philippe.

89. — Tasse forme boisseau et sa soucoupe blanc et or, au chiffre de Louis-Philippe.

90. — Deux petits vases jardinière, forme dite Dubarry, à filets bleu et or et bouquets détachés, par Boulanger et Niquet, années 1763-1764.

91. — Trois confituriers adhérant au plateau triangulaire (voir ci-dessous).

92. — Plateau ovale avec deux confituriers y adhérant, fond blanc et bouquets, pâte tendre, décor de Binet (voir le n° 17).

93. — Service à café, composé de six tasses et sous-tasses, cafetière, pot au lait et sucrier, décor vermiculé bleu foncé et or avec réserves. Marines de Morin (une tasse fêlée).

95. — Petit pot à fard, décor d'insectes, de Legay.

96. — Assiette, service de Louis-Philippe, 1846; au marli, guirlandes de pensées; au centre, liserons.

97. — Analogue au n° 55.

98. — Série de quatre plateaux triangulaires, contenant chacun trois confituriers y adhérant, munis de leur couvercle dont la réunion symétrique forme un carré pour milieu de table. Décor, bordure filet bleu et or. Bouquets détachés, par Courmelin, 1753.

99. — Époque Louis-Philippe. Deux écuelles à crème.

100. — Époque Louis-Philippe. Sucrier, chiffre du roi.

101. — Époque Louis-Philippe. Tasse droite et soucoupe, chiffre du roi.

102. — Époque Louis-Philippe. Coquetier, chiffre du roi.

103. — Époque Louis-Philippe. Petit pot, chiffre du roi.

104. — Imitation de Sèvres, tasse droite, soucoupe, portrait de Joséphine.

105. — Pot à fard.

106. — Coquetier, décor fleurs.

107. — Deux assiettes feuilles de chou.

108. — Tasse et soucoupe brunes, imitation de Chine.

109. — Tasse, décor dit de commerce.

111. — Paire de cache-pots forme tulipe, godronnés, décor fleurs.

112. — Médaillon, tête laurée.

113. — Dé à coudre fêlé.

114. — Pâte dure, 1787. Écuelle couverte et plateau fracturé.

115. — Sèvres, époque Louis-Philippe. Assiette, décor polychrome, fleurs.

PORCELAINES DIVERSES

(EUROPÉENNES)

116. — Grande tasse et sa sous-tasse, Paris, époque Louis XVI, fond blanc, fleurs et chiffre en guirlandes, pâte dure.

117. — Pot à crème Mennecy, blanc côtelé, pâte tendre.

118. — Six pots à crème Mennecy, unis, à bouquets, pâte tendre.

119. — Six pots à crème Mennecy, côtelés, à bouquets, pâte tendre.

120. — Petit pot au lait Mennecy, décor à bouquets, coup de feu, pâte tendre.

121. — Moutardier Mennecy, à bouquets, décor, pâte tendre.

122. — Pot à pommade Mennecy et son couvercle bombé, décor à bouquets, pâte tendre.

123. — Petit pot porcelaine de Saint-Cloud, blanc et bleu, pâte tendre.

124. — Tasse et sous-tasse de Chantilly, décor polychrome, bouquets, pâte tendre.

125. — Beurrier avec son couvercle Chantilly, décor paysage en camaïeu bleu, pâte tendre.

126. — Trois pots à la crème Chantilly, décor bleu, pâte tendre.

127. — Pot à pommade et son couvercle, Tournay bleu, pâte tendre.

128. — Deux pots plus petits et leur couvercle, Tournay bleu, pâte tendre.

129. — Deux beurriers forme ovale légèrement bombée, avec leur couvercle, Tournay bleu, pâte tendre.

130. — Une salière, décor en bleu, fleurs, Tournay bleu, pâte tendre.

131. — Deux statuettes Crispin, Saxe.

132. — Deux tasses forme conique, Chantilly, Tournay bleu, pâte tendre.

133. — Imitation de Saxe, tasse et soucoupe, Tournay bleu.

134. — Mennecy. Bonbonnière couvercle argent, pâte tendre.

135. — Deux tasses forme boisseau. Arras, pâte tendre.

136. — Pot à crème, Tournay, décor manganèse, pâte tendre.

137. — Deux assiettes, Tournay décor manganèse, pâte tendre.

138. — Deux assiettes, Arras, fleurs polychromes, pâte tendre.

139. — Cinq assiettes Tournay, fleurs bleu rehaussé d'or.

140. — Petite tasse à thé de Wirksworth.

141. — Tasse Tournay, bordure bleu de roi rehaussée de feuilles de chêne or avec paysage, pâte tendre.

142. — Boîte à thé, la Haye, pâte tendre, décor polychrome, paysages et couvercle argent.

143. — Tasse à thé de Worcester, décor bleu, pâte tendre.

144. — Tasse conique Tournay, bleu et or, pâte tendre.

145. — Assiette de Tournay, à médaillon ovale bleu de roi et or, suspendu par un nœud de ruban même couleur.

146. — Deux statuettes Arras, modernes, en blanc.

147. — Pot à pommade, Bourg-la-Reine, décor bleu, pâte tendre.

148. — Deux pots à crème Tournay, décor en bleu, fleurs, pâte tendre.

149. — Pot à crème Tournay, forme urne, décor bleu, pâte tendre.

150. — Tasse et sous-tasse forme conique, Tournay, décor polychrome, oiseaux, pâte tendre.

151. — Tasse à base arrondie Tournay, décor paysage avec figures attribuées à Vanblaremberghe, pâte tendre.

152. — Tasse et sous-tasse forme boisseau Tournay, décor oiseaux, avec bordure bleu de roi rehaussé d'or, pâte tendre.

153. — Assiettes de Tournay, décor bleu, pâte tendre.

154. — Une assiette Tournay, décor imité du chinois polychrome, 3e période, pâte tendre.

155. — Trois assiettes de Chantilly, fleurs polychromes, pâte tendre.

156. — Assiette de Chantilly, décor bleu, pâte tendre.

157. — Deux assiettes de la Haye, riche décor ornements et oiseaux.

158. — Assiette de Chantilly provenant d'un service du château de Villers-Cotterets, au chiffre en bleu de Philippe d'Orléans.

159. — Statuette Mennecy, petite fille soufflant dans un flageolet, pâte tendre.

160. — Assiette vieux Saxe, décor coréen, pâte dure.

161. — Deux raviers forme barque, blanc, décor polychrome, fleurs porcelaine dure dite à la reine, pâte dure.

162. — Tasse et sous-tasse, pâte dure, forme boisseau, fabrique de Monsieur, décor, petites fleurs bleu et or, pâte dure.

163. — Tasse forme boisseau et sous-tasse avec paysages. Custine, pâte dure.

164. — Tasse forme boisseau et sous-tasse Bruxelles, décor polychrome, fleurs, pâte dure.

165. — Tasse forme boisseau de la fabrique de la Courtille, décor guirlandes de fleurs et or.

166. — Tasse forme boisseau, Bruxelles, décor oiseaux, pâte dure.

167. — Tasse forme boisseau, paysage en camaïeu rose encadré d'or, pâte dure.

168. — Soupière avec couvercle et son plat, vieux Saxe, décor de fleurs bleues, pâte dure.

169. — Dix tasses et sous-tasses de Locré, décor polychrome, bouquets, pâte dure.

170. — Pot à pommade, Locré, décor bouquets, la Courtille, pâte dure.

172. — Boîte Mennecy montée sur trépied bronze, décor bouquets, pâte tendre.

173. — Pot à crème, la Haye, décor bouquet polychrome, pâte tendre.

174. — Worcester. Deux tasses décor bleu, pâte dure.

175. — Weegwood. Flambeau, pâte dure.

176. — Tournay. Tasse côtelée, soucoupe bleue, pâte dure.

177. — Petite tasse à thé provenance Tournay, décor bleu, pâte dure.

178. — Petite théière forme artichaut, décor rouge ponceau et vert, mis aux faïences de Delft, grès.

179. — Petit cabaret dit solitaire, composé d'une tasse, un sucrier à bases arrondies, un pot au lait et une théière, sur un plateau ovale ; décor d'amours de Boucher en camaïeu rosé et bordure or. Porcelaine de Tournay, 3e période, décor de Duvivier (pièce unique, pâte tendre).

180. — Grande assiette Tournay, paysage en camaïeu bleu, pâte tendre.

181. — Petit bol de Tournay, décor bleu, pâte tendre.

182. — Petit compotier ; fabrique de Monsieur, décor bouquets, pâte dure.

183. — Chien assis se grattant de la patte postérieure droite, vieux Chelsea, pâte tendre.

184. — Deux coquetiers, fabrique de la Courtille, décor fleurs, pâte tendre.

185. — Moutardier et son couvercle, Mol., décor camaïeu rose, pâte dure (fab. d'Amsterdam).

186. — Théière et son plateau, sucrier et pot au lait de forme à médaillon, fond chocolat avec camées blancs; couvercle ajouré. Turner (Angleterre), pâte dure.

187. — Tasse forme bol et sous-tasse Tournay, décor bleu, pâte dure.

188. — Tasse forme bol et sous-tasse Tournay, décor bleu, pâte dure.

189. — Tasse forme bol et sous-tasse Tournay, décor bleu, pâte dure.

190. — Pot à pommade, faubourg Saint-Antoine, décor bleu, 1773, pâte dure.

191. — Assiette marquée Pau, décor fleurs polychromes, pâte tendre.

192. — Assiette Tournay, décor fleurs polychromes, pâte tendre.

193. — Assiette, décor fleurs camaïeu rose, Chantilly, pâte tendre.

194. — Tasse et sous-tasse, pâte tendre de Worcester.

195. — Deux petites bouteilles piriformes, à col allongé formé par un bouchon de même pâte en vieille porcelaine de Crown-Derby, fond rose, décor feuillages vieil or, pâte tendre.

196. — Petite tasse forme bol et sous-tasse, Amstel., décor oiseaux.

197. — Tasse conique, Custine, trompe-l'œil et sa sous-tasse, imitation de bois avec médaillon.

198. — Un compotier vieux Saxe à bords festonnés, à godrons gaufrés blanc et or alternant, décor fruits au centre.

199. — Deux statuettes vieux Chelsea, enfants, moissonneur et marchande de fruits, pâte tendre.

200. — Écuelle avec couvercle et son plat, Tournay, décor médaillon, fond rose violacé, avec figures en grisaille genre sauvage, par Mayer, 4e période.

201. — Boîte porcelaine tendre blanche de Chantilly, forme d'une grenade.

202. — Écuelle avec couvercle et son plat, porcelaine de Lille à la marque du Dauphin, décorée de médaillons en grisaille, festons et arabesques polychrome et or, pièce rare.

203. — Statuette, vieux Frankenthal, marchand de fruits, Charles Théodore.

204. — Statuette vieux Saxe, cuisinier à veste jaune.

205. — Statuette Frankenthal, jardinière, Ch. Théodore.

206. — Statuette Frankenthal, jardinière, Ch. Théodore.

207. — Statuette amour habillé, fileuse vieux Saxe.

208. — Statuette, vieux Saxe, promeneur.

209. — Statuette, musicien, vieux Saxe (réparée).

210. — Groupe de deux personnages, Hochst, par Melchior; la mort de la colombe.

211. — Niedervillers, statuette biscuit, vieille coquette.

212. — Capo di Monte, deux statuettes femmes.

213. — Deux petits bustes de femmes en vieux Saxe.

214. — Petit flacon à odeur en vieux Capo di Monte, décor polychrome, forme aplatie à personnages, monture en or fin ciselé et gravé, très rare, pâte tendre.

215. — Quatre assiettes, scènes mythologiques peintes en manière de miniature, marli décoré de guirlandes et or, vieux Paris.

216. — Petit vase porte-fleurs en forme de bol surélevé, porcelaine de Worcester, décoré entre deux zones noires d'un personnage jouant de la harpe et de guirlandes, dans un paysage et recouvert d'une plaque mobile ajourée.

217. — Assiette Paris, fabrique de Nast, marli, décor symétrique, or au centre, petites figures de patineurs dans différentes attitudes, costumes de l'Empire ; fêlée.

218. — Solitaire en Weegwood, fond bleu, décor blanc en relief d'une grande finesse, composé d'un sucrier, tasse, pot au lait et grand plateau ovale.

219. — Petit pot au lait en porcelaine d'Arras.

220. — Médaillon forme ovale allongée, vieux Weegwood bleu, décoré en blanc d'une statue d'Apollon.

221. — Petite soupière polychrome, Arras.

222. — Tasse, soucoupe, Nyon, Suisse.

223. — Deux assiettes, Tournay bleu.

224. — Tasse, soucoupe, Saint-Cloud.

225. — Vieux Paris. Théière, décor chinois.

226. — Imitation Sèvres. Tasse et soucoupe bleues.

227. — Vieux Paris. Soucoupe, vase forme calice, fêlée.

228. — Vieux Paris. Vase fleurs et or, fêlé.

229. — Vieux Paris, dit d'Angoulême, tasse et soucoupe fleurs.

230. — Vieux Nove. Quatre pièces, une théière, tasse, soucoupe, pot à lait, sucrier.

231. — Vieux Saxe. Statuette, marchande de fleurs.

232. — Vieux Paris. Deux pots à crème, décor au barbeau.

233. — Paris. Étui-nécessaire, losangé or et roses.

234. — Courtille. Trois pots à crème variés, décor bleu, manque un couvercle.

235. — Niedervillers. Groupe biscuit, éducation de l'Amour.

236. — Limoges moderne. Deux statuettes, costumes du XVIIIe siècle.

237. — Tournay. Deux assiettes, décor bleu.

238. — Arras. Deux assiettes, décor bleu.

239. — Amsterdam. Mol., grand plat décor bleu.

240. — Arras. Courtille, Tournay, trois pots à crème.

241. — Paris. Petit cornet, décor polychrome.

242. — Paris. Assiette, décor polychrome.

243. — Frankenthal. Statuette, pitre italien.

244. — Dix tasses à café et onze soucoupes, Saxe.

PORCELAINES DE LA CHINE ET DU JAPON

245. — Grand plat Chine, décor bleu.

246. — Grand plat Chine, décor bleu.

247. — Grand plat Chine, décor bleu.

248. — Bol côtelé, décor polychrome et or, Japon, fêlé.

249. — Bol Chine, décor polychrome, fleurs et oiseaux.

250. — Potiche Japon octogonale, décor polychrome.

251. — Petit plat Chine, bleu.

252. — Plat Chine, décor polychrome, fleurs et oiseaux.

253. — Grand plat Japon, polychrome.

254. — Grand plat Japon, polychrome, fêlé.

255. — Petit plat Japon, décor bleu à personnages.

256. — Petit bol, décor à reliefs, couleur acajou flambé.

257. — Plat Chine, bleu.

258. — Pinte à anse Chine, bleue.

259. — Bol profond Chine, bleu.

260. — Bol profond Chine, bleu.

261. — Soupière ronde Chine, bleue.

262. — Petit vase à anse, forme boisseau, Chine, polychrome.

263. — Petit bol Japon, bleu.

264. — Petit bol Japon, bleu.

265. — Petit bol Japon, bleu, fracturé.

266. — Petit bol Japon, bleu, fracturé.

267. — Petite tasse Japon, sans anse, décorée de rinceaux bleus.

268. — Deux salières Chine, polychromes.

269. — Saucière Japon, décor polychrome, fracturée.

270. — Sucrier Japon, décor polychrome.

271. — Huit tasses cul de poule et sous-tasses Japon, polychrome.

272. — Pot au lait et son couvercle Japon.

273. — Moutardier Japon, polychrome.

274. — Théière Japon, polychrome.

275. — Vase de nuit Japon, polychrome.

276. — Deux petits plats Chine, bleus.
Deux petits plats Chine, bleus.

277. — Plat Chine, trois rosaces et paysage au fond.

278. — Plat Chine, décor oiseaux, polychrome.

279. — Plat Japon, polychrome.

280. — Plat Chine, bleu.

281. — Plat Chine, bleu.

282. — Théière Chine, blanc à reliefs.

283. — Tasse chocolatière Chine, à anse bleu céladon.

284. — Théière Chine.

285. — Tasse sans anse, Japon, fêlée.

286. — Cafetière cylindrique à robinet et couvercle argent, décor polychrome.

287. — Assiette, décor fleurs.

288. — Théière capucine Chine, décor coq.

289. — Petit bol Japon, capucine et polychrome.

290. — Petit bol Chine, décor paniers fleuris.

291. — Petite théière Chine.

292. — Petite potiche Chine, bleue.

293. — Pot à anse, Chine, polychrome.
Deux tasses Inde, une soucoupe.

294. — Deux tasses, une soucoupe, Chine.

295. — Deux tasses, une soucoupe Chine, bleu fin, décor contourné.
Deux tasses, une soucoupe Chine, bleu fin, décor contourné.
Deux tasses, une soucoupe, Japon, polychrome.

296. — Tasse à anses, sous-tasse et couvercle, Inde, couvercle réparé.

297. — Tasse et sous-tasse Chine, à personnages, soucoupe fêlée.

298. — Petit bol et sa soucoupe.
Petit bol et sa soucoupe, Japon.

299. — Tasse et sous-tasse Chine, à personnages, belle qualité.

300. — Dix-sept assiettes Chine, bleu, bouquets de fleurs.

301. — Onze assiettes Chine.

302. — Neuf assiettes Chine, divers décors.

303. — Sept assiettes Chine, divers décors.

304. — Six assiettes Chine, divers décors.

305. — Six assiettes Chine, divers décors.

306. — Sept assiettes Chine, divers décors.
Six assiettes Chine, divers décors.

307. — Petit plat long à pans coupés, Chine, bleu.

308. — Plat long octogone, Chine.

309. — Plat long octogone, Chine.

310. — Petit plat long octogone.

311. — Grande assiette, avec renflements, décor corail, personnages.

312. — Dix assiettes profondes Chine, bleu.

313. — Huit assiettes Chine, bleu très couvert.

314. — Sept assiettes Chine, bleu.

315. — Six assiettes Chine, fin décor.

316. — Cinq assiettes Chine, décors divers.

317. — Quatre assiettes Chine, polychromes, fleurs, une fêlée.
Neuf assiettes Chine, fond truité, décor rehaussé d'or.

318. — Treize assiettes Chine, décor fleurs.

319. — Grand plat octogone, Chine, bleu.
Grand plat octogone, Chine, bleu.
Grand plat octogone, Chine, bleu.

320. — Grand bol Chine, bleu.

321. — Onze assiettes Chine, à bords festonnés.

322. — Onze assiettes, beau Japon, décor polychrome.

323. — Trois assiettes Japon, décor polychrome varié.

324. — Assiettes Chine, oiseaux et fleurs.

325. — Compotier Japon, polychrome, bords festonnés.

326. — Plat profond, fin décor bleu, belle qualité.

327. — Deux compotiers Chine, bleu, un fêlé.

328. — Deux raviers Chine, bleus.

329. — Saucière Chine bleu et or, réparée.

330. — Deux grands vases jardinières, pentagones à bords plats, de forme surbaissée et pieds ajourés.

331. — Assiette porcelaine Chine, personnages.
Assiette fond rouge haricot, vieux Chine, décor coqs.

332. — Six assiettes Japon, bleu très couvert.

333. — Deux compotiers Nankin, bleus, à cartouches laqués, avec la marque en devise : Fou Koueg tchang tchun, un réparé.

334. — Grand compotier Japon, à bords lobés, décor bleu fleurs, au centre une grenade entourée d'un cercle rouge à rehauts blancs, réparé.

335. — Une assiette Japon, décor polychrome, bordure en lambrequins rouge, bleu et or, fleur au centre.

336. — Compotier famille verte Chine, décor polychrome à rehauts d'or, arbuste fleuri et oiseau.

337. — Petit compotier Chine, famille rose, bords quadrillés, paysage avec rochers et pivoine.

338. — Compotier fond blanc avec semis de fleurs blanches en relief; au centre, figure de femme jardinière.

339. — Compotier de la Corée (Kaoli), décor polychrome, arbustes, fleurs, oiseaux et personnage.

340. — Petite théière rouge ponceau, avec réserves à décor, imité de l'Européen.

341. — Assiette Japon, décor rouge, bleu et or, décor fleurs et attributs au centre, personnages vêtus à l'européenne, époque Louis XIV.

342. — Compotier Chine, bouquets de fleurs encadrés dans deux zones rouges en bordure et au centre.

343. — Assiette Chine, bordure quadrillée alternant avec des fleurs et insectes; au centre, un panier avec fleurs remplissant tout le fond.

344. — Assiette Chine, famille rose, décor au marli de rinceaux bleus rehaussés de blanc et fleurs au centre, paysage entouré de chrysanthèmes.

345. — Deux assiettes Chine, famille rose, bordure avec lobes, décor cachemire, fleurs roses et jaunes alternant ; au centre, arbuste fleuri et chrysanthèmes.

346. — Deux assiettes Chine, famille verte, bordure quadrillée avec réserves de fleurs et insectes ; au centre, personnages dans un berceau fleuri.

347. — Assiette Chine, marli décoré de rinceaux rouges et violets alternant et feuilles d'acanthe ; au centre, iris et papillon; fracturée.

348. — Assiette Japon, bleu et rouge, rehaussé d'or, bordure de plantes et fleurs ; au centre, potiche contenant des plumes de paon.

349. — Assiette Chine, à bords découpés, décorée au marli de rinceaux verts et bleus ; au centre, bouquet de fleurs diverses.
Assiette Chine, à bords mosaïque à réserves de bouquets et oiseaux en noir ; au centre, famille en voyage, 5 personnages.

350. — Assiette Inde, chrysanthèmes et autres fleurs d'un rose violacé.

351. — Sucrier Japon, polychrome.

352. — Pot à crème Chine.
Tasse forme bol et sous-tasse.

353. — Grande chope à anse, Chine, fleurs.
Petite assiette Japon, polychrome.

354. — Deux grands compotiers Chine, famille verte et feuillage, un fêlé, un réparé.

355. — Théière Chine, famille verte, décor de paysage.

356. — Assiette Chine, bordure mosaïque, fond intérieur à personnages.

357. — Deux assiettes Japon, rouge, bleu et or, fleurs et rinceaux.

358. — Assiette Chine, rouge, paysage.
Petit bol évasé, côtelé, famille verte, fin décor de feuillages, fleurs, insectes à l'intérieur et à l'extérieur.

359. — Deux grands plats vieux Chine, polychromes.

360. — Vieux Japon polychrome, tasse et soucoupe.

361. — Vieux Chine, compotier.
Vieux Chine, bol, beau décor polychrome, fêlé.

362. — Vieux Chine, théière, fleur de lotus.
Vieux Chine, assiette polychrome, fleurs.

363. — Vieux Chine, assiette polychrome à dessin, lotus rouge.
Vieux Chine, assiette, décor or.
Vieux Chine, assiette creuse fêlée.
Vieux Chine, petite potiche, décor bleu.
Vieux Chine, soucoupe, fond bleu vermiculé.

FAIENCES ANCIENNES

364. — Rouen. Grand plat, décor polychrome de lambrequins et fleurons au marli, panier fleuri au centre, restauré, 0^m,54.

365. — Rouen. Plat profond polychrome, bordure de quadrillés alternant avec des bouquets de fleurs ; au centre, vase avec fleurs et fruits entouré d'arabesques et d'une guirlande de fleurs et fruits d'une grande finesse, 0^m, 39. Très belle qualité.

366. — Rouen. Grand plat ovale, décor bleu de lambrequins et fleurons ; au centre, panier fleuri, entouré des mêmes motifs formant auréole, 0^m,61, fêlé.

367. — Rouen. Plat polychrome, décor dit au carquois, 0^m,40, fêlé.

368. — Rouen. Plat à bords festonnés, décor à la double corne, agrafé, 0^m,40.

369. — Sinceny. Plat ovale à bords festonnés, décor polychrome, fleurs, roseaux et martin-pêcheur au bord de l'eau, rattaché.

370. — Rouen. Plat octogone, bordure étroite, décor bleu, revers brun, 0^m,36.

371. — Rouen. Plat octogone, même décor, 0^m,36.

372. — Rouen. Plat octogone, même décor, 0^m,36.

373. — Rouen. Plat profond en forme de bol surbaissé, étroite bordure intérieure, décoré de lambrequins bleu et rouille à l'extérieur, fêlé.

374. — Rouen. Plat polychrome à lambrequins bleu et rouille au marli; au centre, panier fleuri, $0^m,45$.

375. — Rouen. Plat, décor bleu, bordure étroite de rinceaux et fleurs; au centre, rosace entourée d'une couronne de rinceaux, $0^m,50$. M. G.

377. — Rouen. Plat, décor bleu de lambrequins au marli; au centre, même décor, une fracture.

378. — Rouen. Plat, décor polychrome de lambrequins au marli, fleurs au centre, $0^m,43$.

379. — Rouen. Petit plat carré long, à pans coupés, décoré de rinceaux en bleu.

380. — Rouen. Deux petits plats ou compotiers à bords festonnés, décor à la corne.

381. — Rouen. Pot à anse, décor à la corne.

382. — Rouen. Saladier côtelé, décor, Chinois au parasol, polychrome, réparé.

383. — Rouen. Deux seaux à rafraîchir, côtelés, anses formées de mascarons, décor bleu de fleurs et rinceaux, bords protégés par un cercle d'étain.

384. — Rouen. Deux seaux à rafraîchir, à anses, décor polychrome de lambrequins, guirlandes et fleurs.

385. — Rouen. Bannette à bords découpés, anses formées de reptiles, décor polychrome, à la double corne.

386. — Rouen. Bannette à bords découpés, à anses torses, décor en bleu de lambrequins, rosace et fleurs.

387. — Rouen. Compotier octogone, décor polychrome, à la pagode, bordure quadrillée alternant avec des crevettes ; fêlé.

388. — Rouen. Grande aiguière, forme casque, décor polychrome aux lambrequins.

389. — Rouen. Aiguière à déversoir à bec, forme casque, décor bleu de rinceaux et fleurons, restaurée.

390. — Rouen. Petite aiguière, forme casque, décor bleu et rouille.

391. — Rouen. Aiguière, forme casque, décor polychrome, genre à la corne, fleurs, coloris vif où le vert domine, anse restaurée.

392. — Rouen. Plat, bords contournés, décor polychrome, au centre, bouquets de fleurs.

393. — Rouen. Sucrier à poudre, décor polychrome au Chinois, personnages, zones de jaune d'ocre.

394. — Rouen. Pot de Normandie, dit pichet à cidre, décor polychrome, guirlandes de fleurs.

395. — Rouen. Petit pot à anse, décor polychrome, fleurs, insectes ; couleurs vives, réparé au pied.

396. — Rouen. Deux figurines, *le Ramoneur* et *la Joueuse de vielle*, décor polychrome.

397. — Rouen. Vase de forme cylindrique sans anse, décor polychrome, style rocaille avec figures de Chinois, marque du décorateur, P.

398. — Rouen. Vase forme balustre sur piédouche, décor bleu et rouille.

399. — Rouen. Partie inférieure d'un sucrier à poudre, décor bleu, genre Bérain, couvercle en étain.

400. — Rouen. Pichet figuré par une femme debout, costume Louis XIII, émail blanc.

401. — Rouen. Plat à bords festonnés, décor polychrome de lambrequins et fleurs, beau coloris; au centre, branche fleurie arrondie, 0^{m},36.

402. — Sinceny. Petit plat à bords découpés, décor polychrome de bouquets.

403. — Sinceny. Deux assiettes à bords découpés, décor polychrome, lambrequins au marli, panier fleuri au centre.

404. — Rouen. Soupière oblongue, son couvercle et son plat, décor polychrome à la corne.

405. — Rouen. Deux seaux à rafraîchir, anses plates, décor polychrome dit à la pagode.

406. — Rouen. Sucrier carré commun, décor polychrome.

407. — Rouen. Saladier côtelé, décor polychrome à la pagode.

408. — Rouen. Sucrier à poudre forme balustre, décor polychrome bleu et rouille.

409. — Rouen. Saucière oblongue à deux anses, fin décor bleu aux lambrequins à l'intérieur et à l'extérieur, figures de Chinois au centre.

410. — Rouen. Petit plat oblong à pans coupés et à anses détachées, décor bleu de lambrequins et guirlandes de fleurs au pourtour; figures de Chinois au centre, fin décor.

411. — Rouen. Petite potiche à pans et son couvercle, décor bleu aux lambrequins.

412. — Rouen. Lion héraldique assis, tenant un écusson sous la patte, vernis blanc.

413. — Rouen. Porte-fleurs applique forme corbeille, décor bleu.

414. — Rouen. Soulier de Noël, décor polychrome, rinceaux et fleurs.

415. — Rouen. Soulier de Noël, décor bleu de lambrequins.

416. — Rouen. Seau à rafraîchir, de forme ovale et à côtes, décor bleu de lambrequins.

417. — Rouen. Petit buste de femme, décor polychrome, tête réparée.

418. — Rouen. Cuvette oblongue, décor polychrome à la corne; marquée P. P.; fêlure.

419. — Rouen. Petit crachoir plat, à bords rentrants et manche, décor polychrome.

420. — Rouen. Assiette de mariage décorée en bleu, chiffres au centre.

421. — Rouen. Bannette carré long, à pans coupés, à anses détachées, décor polychrome, bordure de quadrillés alternant avec des bouquets; au centre, panier fleuri.

422. — Rouen. Plat à bords festonnés, décor polychrome dit au dragon ; fleurs, oiseaux, insectes. Fêlé.

423. — Rouen. Grande assiette, décor polychrome à la corne.

424. — Rouen. Grande assiette, décor polychrome à la corne.

425. — Rouen. Encrier formé d'un plateau carré long, à bords verticaux, avec séparation intérieure pour les récipients. Décor polychrome rocaille, fleurs, etc., fêlure.

426. — Rouen. Grande assiette, riche décor à lambrequins en bleu, bords festonnés en guirlandes de fleurs, fêlée.

427. — Rouen. Assiette à bords festonnés au marli, ornée d'une guirlande de fleurs ; au centre, fleurs et fruits, décor polychrome.

428. — Rouen. Porte-huilier, forme bateau, à décor bleu de fleurs.

429. — Rouen. Porte-épices avec couvercle, décor polychrome.

430. — Rouen. Petit pot à pommade et son couvercle, décor polychrome, fleurs, couleurs vives.

431. — Rouen. Deux bouteilles à pans et un cornet, décor bleu et rouille de lambrequin.

432. — Rouen. Bouteille à large goulot, décor bleu et rouille à trois compartiments entourant des paniers fleuris.

433. — Sinceny. Bannette à anses détachées, forme ovale, à bords festonnés, décor polychrome de fleurs et insectes, avec un petit paysage dans une réserve.

434. — Rouen. Assiette polychrome, décor au carquois.

435. — Rouen. Petit buste d'Apollon, décor polychrome.

436. — Rouen. Plat ovale à bords festonnés, décor de fleurs et de fruits, genre rocaille, fêlé.

437. — Rouen. Assiette, décor polychrome à la corne.

438. — Rouen. Compotier à bords découpés, décor polychrome à la corne.

439. — Rouen. Médaillon, buste du dauphin Louis XVI, décor polychrome.

440. — Rouen. Théière, forme sphéroïde, décor de fleurs, etc., genre de la faïence à la corne.

441. — Rouen. Petit compotier à la corne.

442. — Rouen. Petit compotier à la corne.

443. — Sinceny. Deux souliers de Noël à patte et boucles, décor polychrome de fleurs.

444. — Rouen. Assiette de mariage, décor polychrome, chiffre au centre, fêlée.

445. — Rouen. Christ, décoré au naturel, attaché à une croix de bois fichée sur un piédouche polychrome.

446. — Rouen. Vase de pharmacie de forme cylindrique, décor bleu de lambrequins.

447. — Rouen. Grand plat, décor bleu, bordure étroite, panier au centre, 0^m,50.

448. — Rouen. Aiguière forme casque, masque barbu au déversoir, décor bleu de rinceaux.

449. — Rouen. Aiguière, même forme, bleu et rouille.

450. — Rouen. Sucrier à poudre, forme balustre, décor bleu aux lambrequins.

451. — Nevers. Soulier de Noël jaune à boucle bleue.

452. — Nevers. Grande buire à anses torses, col évasé, décor bleu, Chinois dans un paysage.

453. — Nevers. Petite buire à anses torses, col évasé, décor bleu, Chinois dans un paysage.

454. — Nevers. *Vierge et l'enfant*, demi-ronde bosse, décorée en bleu.

455. — Nevers. Gourde formée de deux coquilles.

456. — Saint-Omer. Petit pot à anse avec couvercle en étain, décoré en bleu avec fixés blancs.

457. — Nevers. Cornet décoré.

458. — Faenza. Saucière forme baignoire; au centre, sujet en relief : *l'Abondance*, décor polychrome.

459. — Nevers. Figurine. *Le Christ au poteau*, adossé à une tourelle devant servir à recevoir une veilleuse, décor bleu et manganèse.

460. — Nevers. Soulier de Noël, décor bleu et jaune, flot de rubans.

461. — Nevers. Soulier de Noël, décor bleu et jaune, boutons et frange.

462. — Nevers. Grand bassin, forme oblongue contournée à angles rentrants et à anses torses, décoré en bleu, paysage au centre, rattachée.

463. — Nevers. Soulier de Noël, décor bleu et jaune, rosace et broderies.

464. — Nevers. Soulier de Noël, décor bleu et jaune, nœud, broderies et relief.

465. — Nevers. Petite potiche forme cylindrique, un peu renflée vers le haut, fond bleu de Perse, décoré de jetés blancs, réparée.

466. — Nevers. Deux petits chiens assis, décorés en manganèse.

467. — Sept-Fontaines (Luxembourg). Porte-burettes, huilier, époque Louis XVI, modèle d'orfèvrerie décor bleu.

468. — Delft. Potiche de Delft dorée, forme balustre, décor polychrome et son couvercle.

469. — Delft. Imitation chinoise, fond capucin roux à réserves ornées de fleurs.

470. — Delft. Égouttoir à fromage.

471. — Delft. Petit plat décoré en bleu, couvert d'un semis de fleurs, E MP.

472. — Delft. Petite buire à goulot avec couvercle en étain, décorée de fleurs et oiseaux en bleu.

473. — Delft. Deux grandes potiches et un cornet, décor bleu très fin emprunté à l'art chinois, couvercles, le cornet rogné.

474. — Delft imitation. Dessus d'une brosse ronde, décor polychrome chinois, bordure en noir avec fleurs, rare.

475. — Delft. Deux chèvres couchées, décor polychrome, ornements de couvercles.

476. — Delft. Pot à anse, à panse renflée de l'espèce dite Delft doré, et son couvercle en argent, décor polychrome, col à fond noir, rinceaux, fleurs et paysage (très belle et très rare pièce).

477. — Delft. Pot à anse, très fin, décor bleu à lambrequins, rare, marqué A C P

478. — Delft. Boîte à thé rectangulaire, fin décor bleu, avec figures symboliques de la Loi et de l'Abondance.

479. — Delft. Petite coquille destinée à recevoir une huître détachée dont la figuration, en camaïeu bleu, existe sur le fond ; pièce curieuse et rare.

480. — Delft. Plat décor polychrome de paniers fleuris au centre de cinq compartiments formés par une zone bleue.

481. — Delft. Plat, décor polychrome de paniers fleuris au centre de compartiments formés par une zone bleue 8/D

482. — Delft. Plat fin, décor bleu, orné de fleurs marquées VR VP.

Delft. Deux petites bouteilles forme balustre, côtelées, décor bleu aux lambrequins et feuillage, genre perse.

483. — Delft. Deux assiettes polychromes à la bordure bleue.

484. — Delft. Assiette, décor bleu.

485. — Delft. Assiette, décor dit Delft doré, petite bordure à lambrequins et palmettes bleu, rouge, vert et or ; au centre, un paysage orné de figures.

486. — Delft. Pot à anse, faïence dite Delft doré, décor marqué AR ; réparé.

487. — Delft. Soulier de Noël, forme pointue, à un nœud transversal, décor polychrome, lambrequins.

488. — Rouen? Grand panier ajouré à anse torse, bordure et base décorée en bleu de rinceaux. Cette œuvre curieuse du potier est de forme évasée, d'un ovale peu accusé, et mesure $0^{m},30$ dans son plus grand diamètre, et $0^{m},22$ de hauteur. Il est formé d'un treillis façonné au couteau. Son pied seul est plein. Réparé.

489. — Delft. Bol, décor bleu.

490. — Delft. Assiette polychrome dite au cœur, sur fond jaune avec réserves en forme de cœur ornées de fleurs. Fabrique de Vanderleem, 1675.

491. — Delft. Assiette polychrome dite au cœur, sur fond vert. Mêmes décors que la précédente.

492. — Delft. Boîte à thé terre de pipe, décorée.

493. — Delft. Deux assiettes, polychrome rouge et autre décor.

494. — Delft. Aiguière, décor polychrome, personnages, rinceaux, fleurs avec son plateau ovale côtelé, rinceaux, fleurs. Réparée au pied.

495. — Delft. Deux assiettes polychromes.

Delft. Boîte à thé et son couvercle terre de pipe, décor polychrome, Christ et fleurs, couvercle fracturé.

496. — Delft. Pot à crème, décor bleu.

497. — Strasbourg. Deux seaux à rafraîchir (époque Louis XV), à lobes tourmentés, décor polychrome de fleurs et fruits, fruits en relief aux anses.

498. — Strasbourg. Deux statuettes de chasseurs en costume du XVIIIe siècle, émail blanc, signé de Paul Hannong.

499. — Strasbourg. Trois pots à crème polychromes, décor de bouquets.

500. — Strasbourg. Deux assiettes polychromes, Chinois.

Strasbourg. Deux assiettes polychromes, au Chinois, au monogramme de Paul Hannong.

Strasbourg. Deux autres.

501. — Strasbourg. Deux pots à crème polychromes, décor au Chinois.

Strasbourg. Deux assiettes, Chinois, sont en camaïeu rose.

502. — Pré-d'Auge. Bas-relief, Vierge et enfant, vernissé vert.

503. — Nidervillers. Vase, décor fleurs polychrome.

Nidervillers. Petite jardinière rectangulaire, genre rocaille polychrome, décor de roses.

504. — Nidervillers. Deux statuettes, cavalier et dame en costume de chasse, XVIIIe siècle, décor polychrome.

Nidervillers. Assiette, décor rose.

505. — Marseille. Assiette, fin décor polychrome au Chinois.

506. — Delft. Figurine de paysan, assis, accosté de paniers formant salières, décor polychrome, recollée.

507. — Saint-Jean-du-Désert. Paire de chandeliers polychromes, forme dite Louis XIII, semis de bouquets.

508. — Desvres. Figurine, homme assis formant pichet, décor polychrome.

509. — Desvres. Figurine, femme assise formant pichet, décor polychrome.

510. — Bruxelles. Quatre pots à crème, décor bleu, terre de pipe.

511. — Lille. Paire de souliers de Noël, décor polychrome bleu, jaune, fleurettes, boucles.

512. — Lille. Paire de souliers de Noël à boucles, décor polychrome, fleurs.

513. — Lille. Deux chiens carlins mouchetés de manganèse, collier bleu avec grelots.

514. — Saint-Omer. Vierge couronnée et l'Enfant, décor polychrome.

515. — Saint-Omer. Petit buste de femme, polychrome.

516. — Saint-Omer. Sabot de Noël, fond blanc, décoré en jaune.

517. — Saint-Amand. Pot à crème décoré en camaïeu bleu.

518. — Aprey. Assiette polychrome, décor oiseaux.

519. — Dunkerque. Petit sabot de Noël décoré en bleu, marqué Dunkerque.

520. — Rubelles. Assiette au décor vert ombrant.

521. — Saintonge. Petit plat ovale profond, décor polychrome à reliefs, suite de Bernard de Palissy, *le Sacrifice d'Abraham.*

522. — Suite de Palissy. Plat ovale, décor à reliefs polychromes, *Henri IV et sa famille,* commencement du XVIIe siècle.

523. — Savone (Italie). Grand plat à bossages, décoré en camaïeu bleu, coquilles alternant avec des médaillons à figures d'enfants au pourtour; au centre, un vieillard tenant un livre ouvert sur les genoux, 0m,44, fêlé.

524. — Savone. Grande vasque ou bassin de forme ovale, ventrue, à bords godronnés, anses à mascarons, figures d'un relief accentué, pieds formés de têtes chimériques, émail blanc, réparée.

525. — Castelli. Petite assiette plate, décor polychrome, bordure à rinceaux, sujet au centre : *Vénus et l'Amour.*

526. — Castelli. Petite assiette plate, décor polychrome, bordure à rinceaux, sujet au centre : *Vénus découvrant l'Amour endormi.*

527. — Lucca della Robbia. Grande plaque rectangulaire, portrait en relief, blanc sur fond bleu, du pape

Colonna (Martin V) avec ses armes, dans l'angle dextre, signé au revers LR.

528. — Vieux Chine. Chat assis, recouvert d'un vernis plombifère brun.

529. — Faenza. Grand plat d'aiguière à bords plats et ombilic à amours et zones avec amours, marli à festons. Diamètre, $0^{m},44$; réparé.

530. — Capo di Monte. Deux pots à crème forme urne et couverts, décor polychrome de paysages.

531. — Urbino (Italie). Plat creux, peint sur terre recouverte au revers d'un vernis plombifère en partie, décor sur fond jaune de rinceaux et attributs de musique; au centre, *Diane* et *Actéon*. Date 1548, diam., $0^{m},40$.

532. — Manissès (Espagne). Plat, décor bleu et jaune; lion debout tenant un écusson.

533. — Manissès (Espagne). Plat, décor bleu et jaune, écusson au centre.

534. — Weegwood (Angleterre). Deux petits seaux à verres, à anses plates, décor bleu de raisins et feuilles de vigne en bordure.

535. — Weegwood (porté au n° 244).

536. — Weegwood. Pot à crème, forme artichaut, terre de pipe, décoré de lisérés bleus, une feuille fracturée.

537. — Weegwood. Deux vases forme flambeau, émail brun.

538. — Wheildon. Théière chou-fleur.
Wheildon. Sucrier droit à base arrondie, faïence jaspée à la façon du stuc et son couvercle.

539. — Wheildon. Boîte à thé, décor chou-fleur à base verte, capsule en argent.

540. — Wheildon. Boîte à thé, forme carrée, décor jaune d'épis de maïs avec feuilles vertes à la base.
Wheildon. Théière jaspée, décorée en relief de petits personnages et fleurs.

541. — Wheildon. Petit pot à lait, décor au chou-fleur blanc et vert et son couvercle.
Wheildon. Petit bol, décor au chou-fleur blanc et vert.

542. — Wheildon. Théière au chou-fleur blanc et vert.
Wheildon. Petite théière, terre de pipe, décor polychrome, personnages couleur fondue dans l'émail brun jaunâtre.

543. — Minton. *Jardinier* et *jardinière*. Deux statuettes polychromes.

544. — Savone. Grand plat rond à ombilic, zone d'anneaux et ornements au centre, scène de guerre. Diam., $0^{m},44$.

545. — Sarreguemines. Deux petits plateaux ovales ajourés.
Sarreguemines. Deux petits pots couverts à grains d'orge.

546. — Théière et deux tasses, petit pot à lait, vernis noir.

547. — Rouen. Bleu à lambrequins riche, jardinière ovale.

VERRERIE

548. — Deux flambeaux, cristal taillé vieux Bohême.

549. — Deux burettes, cristal taillé vieux Flandre. Dorure et fleurs polychromes.

550. — Six verres forme tulipe sur pieds-droits à bords bleus.

551. — Verre à pied forme cratère, taillé et gravé, avec couvercle.

552. — Cinq verres droits vieux Flandre, taillés et dorés, rentrant les uns dans les autres, avec gaine.

553. — Deux salières, vieux cristal taillé.
Deux carafons, vieux cristal taillé.

554. — Carafon, vieux cristal taillé.

555. — Plateau sur piédouche, vieux Venise, orné au centre d'un filet bleu en torsade.

556. — Petit vase couleur fumée, à panse piriforme, col évasé et ornements de couleur verte autour du col, vieux Venise.

557. — Petite coupe sur piédouche, en pâte de Murano (blanc opaque), vieux Venise, ornée de trois anses.

558. — Grand verre, vieux Venise, avec couvercle (fracture) forme cratère, à retraits et bandes verticales en blanc.

559. — Compte-gouttes, vieux Venise, oreillons bleus.
Petite loupe, vieux Venise, ornée de mascarons, fêlée.

560. — Vieux verre de Venise, forme chapeau, à bords rabattus, sur tige haute à renflements soufflés, pied cassé.
Bouteille piriforme côtelée et irisée.

561. — Deux petits compotiers, verre de Venise, bordés d'un filet rose.

562. — Verre à pied, cristal taillé avec couvercle, forme cratère, à filet rose dans le pied et le bouton du couvercle.

563. — Deux carafons, cristal de Bohême vieux, taillés et dorés.

564. — Grande coupe sur piédouche, avec ornements or et émaux.
Verre ancien de Venise, exécuté à la fin du XVe siècle.

565. — Compotier vieux Venise, à fond côtelé, bordure à ornements dorés.

566. — Deux petits verres, sur pied bas, de forme cratère, gaufrés.
Verre vieux Venise, forme cratère, sur pied soufflé.

567. — Petit pot, avec anse bleue, bordure de même couleur.
Deux carafons, cristal taillé.

568. — Baromètre à eau, en verre.

569. — Vase de forme ovoïde, en verre jaspé, monté en bronze, XVIIIe siècle. Murano fêlé.

570. — Quatre statuettes, *les Quatre saisons*, verre coloré, vieux Venise.

571. — Verre cratère (Venise).
Tasse à goûter le vin, vieux Flandre.

572. — Plateau rond, vieux Venise, bordure dorée, $0^{m},42$.

573. — Verre forme chapeau, sur pied argenté.
Moutardier, verre époque Louis XVI, tête de femme.

574. — Statuette, verre bleu opaque, sur socle en verre, représentant *Bacchus sur un tonneau* (un bras manque). Vieux Murano.
Statuette, en verre blanc opaque, représentant un personnage coiffé d'un bonnet pointu, agenouillé sur un socle en verre, tenant ou présentant un vase, l'autre bras levé. Vieux Murano.

575. — Flandre, grand verre, forme conique.
Vieux Bohême, trois confituriers, couverts, taillés.

VITRAUX

576. — XVIe siècle. *Charles-Quint avec devises*, fracturé.
XVIIe siècle. *La Vierge et l'Enfant*, fracturé.
XVIe siècle. *Les Maccabées*, grisaille.

EMAUX ET MINIATURES

577. — Petit émail ovale, encadré. *Saint Dominique* (XVIIIe siècle).

578. — Petit émail ovale, encadré. *Sainte Agnès* (XVIIIe siècle).

579. — Émail, plaque carrée de Naudin. *Vierge*, signé : Laudin. — Boucherie à Limoges.

580. — Émail, plaque carrée. *Saint François d'Assise.* — Nouaillier à Limoges.

581. — Émail, plaque carrée (époque Louis XIII). *Sainte Scolastique*, par J. Laudin.

582. — Miniature sur ivoire. Portrait de jeune femme (fin Empire).

583. — Miniature sur ivoire, cadre en bronze. Portrait de jeune femme (époque de la Restauration).

584. — Miniature sur ivoire, cadre en bronze. Portrait d'homme, signé Nasti (daté de 1827).

585. — Miniature à l'huile. Portrait, sur plaque d'argent, d'un gentilhomme (époque Henri II). École flamande.

586. — Première République. Petit médaillon en or, contenant d'un côté le portrait de Marat, gravé en couleur, de l'autre, emblèmes patriotiques en porcelaine.

587. — Miniature. Portrait de Crillon.

588. — Miniature. Portrait d'un officier (époque Louis XV), renfermé dans une boîte en galuchat. Au revers du portrait, une glace.

589. — Email encadré, époque moderne. *la Vierge et l'Enfant*, couronné de fleurs, ovale de petite dimension.

590. — Miniature carrée. Portrait de femme (époque de l'Empire), cadre bronze doré.

591. — École française (1820). Miniature sur ivoire. Portrait femme.

592. — École française (époque Louis XVI). Miniature sur ivoire. Portrait femme.

MEUBLES ANCIENS
OBJETS D'ART ET DE CURIOSITÉ

593. — Quatre chaises Henri II, chêne tourné, recouvertes en cuir de Cordoue.

594. — Pendule Louis XVI, marbre blanc, cadran porté par deux pilastres, ornements de bronze doré.

595. — Deux flambeaux argent, Louis XIII.

597. — Deux statuettes en terre cuite, couvertes d'un vernis imitant le bronze. *Musiciens ambulants*, par Delaville.

598. — Deux brûle-parfums (époque Louis XVI), composés de deux vases ovoïdes en verre bleu, montés sur trépied en bronze doré, à base de marbre blanc.

599. — Clochette, bronze du XVIe siècle. *Assomption — Jugement dernier.*

600. — Mortier en bronze et son pilon. Hollande, 1600. Mortier en bronze, du XVIe siècle, et son pilon, 1541.

601. — Meuble (époque Louis XV), composé de : un canapé, six chaises et deux fauteuils, bois peint, recouvert en velours d'Utrecht jaune.

602. — Console Louis XV, peinte en blanc, marbre brèche.

603. — Deux chaises provenant du château d'Eu.

604. — Chaise Louis XIII, chêne tourné, dossier plein, recouverte en tapisserie au point.

605. — Fauteuil Louis XIII, à manchons, recouvert en tapisserie au point, fleurs, oiseaux, etc.

606. — Écran Louis XIV, bois peint, tapisserie au petit point.

607. — Vitrine, marqueterie de bois de rose à deux portes.

608. — Grande table-bureau, marqueterie de bois de rose, garnie de filets de cuivre et bronzes (époque de la Régence).

609. — Petit cabinet Louis XIII, en ébène, à encadrements guillochés, deux portes et deux tiroirs,

à l'intérieur, dix tiroirs et logette centrale, le tout garni de tapisserie de soie or et argent.

610. — Pendule applique (époque Louis XV) et son socle, écaille et marqueterie de cuivre et bronzes dorés. Jouard à Paris.

611. — Petite pendule en bronze doré, cadran entouré de drapeaux et lauriers, reposant sur quatre mortiers et surmonté d'un vase (époque Louis XVI).

612. — Pendule Louis XVI, à cadran en émail ajouré laissant voir le mouvement, entouré de motifs à rinceaux surmontés d'un aigle éployé et reposant sur un cercle de même décor, supporté par quatre gaines à figures sur base du même style, le tout en bronze doré.

613. — Deux flambeaux (époque Louis XVI), bronze doré, formés d'une tulipe en un vase, sur base de marbre blanc.

614. — Pendule en bronze doré très finement ciselé, style Louis XVI, avec vase et médaillons, pâte tendre rose Du Barry, sujet : Amour jouant avec des guirlandes de fleurs, le tout figurant un vase à anses supporté par une base quadrangulaire.

615. — Deux petits flambeaux Louis XV, composé d'un bonze en vieux grès de Chine, supportant un porte-lumière, monture rocaille en bronze doré.

616. — Petite vierge, vieux buis.

617. — Petit médaillon, vieux buis, Stanislas, duc de Lorraine.

618. — Bague en or à chaton sculpté, sous verre, *Amour*, par Bozzanigo.

619. — Petite boîte simulant un livre, en bois sculpté.

620. — Crucifix Louis XIII, avec reliques, croix chêne, Christ en bronze.

621. — Petite boîte cylindrique, avec une ouverture à la partie supérieure pour le passage d'une bougie filée, émail vert, décor de fleurs ; Battersea (Angleterre).

622. — Mouvement de montre avec figures ciselées en relief sur le cadran (époque Louis XV).

623. — Médaillon argent repoussé, à deux faces (époque Louis XIV).

624. — Petit médaillon argent, forme ovale, reliquaire du XVIe siècle.

625. — Petite statuette ivoire, *la Vigilance.*

626. — Bague en or de l'Inde (?).

627. — Petite cassolette à parfums, en améthyste, piriforme, montée en argent (XVIe siècle).

628. — Petite médaille en or de l'Académie de Saint-Luc, octogonale, portant d'un côté *Saint Luc peignant la Vierge,* de l'autre *la Vierge et l'Enfant.*

629. — Pièce en or de l'époque gothique.

630. — Coffre-bahut en chêne sculpté, époque gothique.

631. — Lit vieux chêne à colonnes torses (XVIIe siècle).

632. — Lavabo formant armoire, vieux chêne sculpté.

633. — Petit meuble à usage de table de nuit, chêne sculpté.

634. — Petit meuble en chêne sculpté.

635. — Fauteuil Louis XIII, à haut dossier, recouvert en tapisserie au point, fleurs, oiseaux, rinceaux.

636. — Glace Louis XIV, à fronton chêne sculpté et doré.

637. — Commode Louis XV, en chêne, poignées et entrées en bronze.

638. — Pendule, forme rectangulaire, ornée de têtes de satyres, surmontée d'un vase en bronze doré (époque Louis XIV).

639. — Étagère en chêne à colonnes torses.

640. — Paire de pistolets de combat (époque Louis XV), garnis en argent, vieux Versailles, ornés d'armoiries.

641. — Poignard vénitien à manche, à fourreau d'argent ciselé et niellé.

642. — Vierge en bronze doré (époque Louis XIV).

643. — Râpe à tabac (époque Louis XIV), buis sculpté. Scène galante.

644. — Râpe à tabac (époque Louis XV). *Danseur*, d'après Watteau.

645. — Cire ancienne, buste de Montesquieu.

646. — Cire ancienne, formant pendant à la précédente, Sénèque mourant.

647. — Petit meuble, cabinet à bijoux.

648. — Petit buste de Montesquieu, bronze sur gaine en marbre.

649. — Fauteuil Louis XV, bois peint en blanc, recouvert en tapisserie au point.

650. — Paire de flambeaux, bronze doré (époque Louis XVI).

651. — Table-bureau (époque Louis XIII), ébène et filets de cuivre, à tiroirs, à huit pieds reliés par des X.

653. — Table du XVIe siècle, en chêne, supportée par neuf pieds colonnes, reliés par des croisillons.

654. — Console Louis XVI, bois peint, marbre de Stinkal.

655. — Pendule ivoire. Enfant, le pied gauche appuyé sur une tête de mort, tenant de la main droite une lance avec laquelle il indique l'heure sur une sphère tournante, correspondant à un mouvement d'horlogerie se trouvant dans le piédestal, attribué à Duquenoy le Flamand.

656. — Deux porte-lumière, branchages en bronze, avec fleurs et statuettes, en vieille porcelaine de Saxe.

658. — Deux bustes d'enfants, garçon et fille, en marbre blanc, sur piédestal en marbre noir (époque Louis XIII).

659. — Petit buste, terre cuite. Portrait de femme en costume mythologique de Diane (XVIIIe siècle), signé DEFERNEX.

660. — Mandoline (époque Louis XV), à caisse ovoïde et cannelures.

661. — Boîte plate oblongue, écaille à un chiffre, piqué d'argent.

662. — Boîte oblongue, en émail lisse, décor chinois, et boîte à thé, même travail.

663. — Petite pendule rocaille, en bronze doré, surmontée d'un Chinois tenant un parasol.

664. — Bénitier, bois sculpté et doré (époque Louis XV).

ARGENTERIE

665. — Deux salières (époque Louis XVI), cuvettes en verre bleu.

666. — Sucrier, forme ovoïde, même époque, cuvette en verre bleu, couvercle.

667. — Porte-huilier (époque Louis XIV), orné de mascarons et armes gravées. Burettes en cristal taillé.

668. — Moutardier (époque Louis XVI), cuvette en verre bleu.

669. — Petit service, composé d'une cafetière, sucrier et pot au lait, genre rocaille (époque Louis XV).

670. — Petite cuiller, vieille argenterie anglaise, aux armes d'Angleterre.

671. — Encrier, forme bateau (époque Louis XVI), avec boîte et récipients.

672. — Deux flambeaux (époque Louis XIII).

673. — Cuiller à ragoût, ancienne, dont le cuilleron est partagé dans sa longueur par une cloison verticale.

674. — Deux salières, finement ciselées (style Louis XV), forme ovoïde.

675. — Petite cuiller ajourée, servant pour le thé, fabrication indienne.

676. — Gobelet, à anse carrée, forme légèrement conique.

OBJETS D'ART

677. — Époque Louis XIV. Loupe, monture nacre, garnie d'argent.

678. — Époque Louis XVI. Boîte vernis Martin.

679. — Époque Louis XVI. Boîte ivoire, avec miniature Amour.

680. — Époque Louis XVI. Six boutons à insectes.

681. — Époque Louis XVI. Bouton miniature ivoire.

682. — Ivoire. Jeu de domino indien.

683. — Époque Louis XVI. Coffret.

684. — Époque Louis XVI. Bambou sculpté.

685. — Ivoire. Extrémité d'un instrument de musique dit bombarde ou chalumeau.

686. — Époque Louis XVI. Émaux anciens, fleurs, encadrement moderne.

687. — Écaille, reliure garnie argent, avec calendrier et livre de messe, vers 1660.

688. — Livres minuscules. Almanach de Jouault.

689. — Livres minuscules. Almanach de Joûault.

690. — Marbre vert campan. Socle pour buste.

691. — XVIe siècle. Deux reliures vélin, gaufrées.

692. — Époque Louis XIV. Cadre sculpté.

693. — XVIIIe siècle. Broderie de soie, représentant l'Enfer.

694. — XVIIIe siècle. École chinoise, fleurs et oiseaux, peinture sur glace; fêlée.

695. — Style du XVIe siècle. Cuir gaufré, cadre en bois, (époque Louis XV).

696. — XVIIe siècle. Quatre morceaux cuir de Cordoue.

697. — XVIIe siècle. Reliquaire, avec gravure de saint Jean.

698. — XVIIIe siècle. Pharmacie, boîte acajou, garniture cuivre.

699. — Époque Louis XIV. Cadre bois sculpté.

700. — Époque Louis XVI. Fauteuil sculpté.

701. — Coffret oriental.

702. — Deux socles marbre, campan antique.

703. — Argent ciselé et doré. Couvercle de pipe.
Bronze. Cadre de miniature.

704. — Bois sculpté. Socle de statuette Louis XIV.
Poignard corse.

705. — Époque Louis XVIII. Pupitre à écrire, bois de loupe.

706. — Coqs de montre anciens, 144 pièces.

707. — Mouvements de montre.

708. — Pipe en Kummer, garnie en argent ciselé et doré.

709. — Tapisserie au point (époque Louis XIV).

710. — Garniture de missel, argent.
Poignée d'argent.
Coqs de montre (30 coqs).
Plaque artistique, fer.

TABLEAUX

711. — DUGHET (Gaspard), dit le Guaspre Poussin. École française, 1615-1675. — *Paysage d'Italie*, sur petit panneau de forme ronde. Provient de la vente du général Servatius.

712. — SCHUTZ (Chrétien-Georges). École allemande, 1718-1791. — *Vue du Rhin*. Paysage à perspective profonde. Sur le premier plan : barques et personnages. Signé à droite.

Bois, haut. 0m,28, larg. 0m,40.

713. — TENIERS (attribué à David). École flamande, 1610-1694. — *Intérieur de tabagie*. Deux

hommes jouent aux cartes sur un escabeau ; près d'eux, un spectateur debout ; dans le fond, à gauche, un homme vu de dos ; à droite, trois paysans devisant. Signé à droite.

Toile marouflée, haut. 0m,27, larg. 0m,35.

714. — DELEN (Dirk van). École hollandaise. — *Petit intérieur d'église*. Figures de Gonzales Coques. Signé à gauche.

Bois, haut. 0m,28, larg. 0m,20.

715. — RYCKAERT (attribué à David). École flamande. *Intérieur*. Un vieillard allumant sa pipe et sa femme assise devant une cheminée.

Bois, haut. 0m,41, larg. 0m,54.

716. — CROS (J.-V.). École hollandaise. *Paysage avec ruines*.

Bois, haut. 0m,42, larg. 0m,62.

717. — LECLERCQ (Sébastien, dit Leclercq des Gobelins). École française, 1677-1763. — *Paysage*. A droite, des pâtres ; à gauche, un berger, genre Watteau, prend la taille à une paysanne.

Bois, haut. 0,30, larg. 0m,40.

718. — VAN OSTERWYCK (Maria, élève de David de Hem). École hollandaise, 1630-1693. — *Bouquet de fleurs*. Fruits, insectes, d'une grande finesse. Signé.

Bois, cadre bois sculpté, haut. 0m,22, larg. 0m,18.

719. — LE DUC (attribué à Jean). École hollandaise, 1636. *Intérieur*. Soldats jouant et buvant.

Haut. 0m,50, larg. 0m,64.

720. — MOLENAER (Jean-Marie). École flamande, 1627-1686. — *Intérieur d'école de jeunes enfants.* Signé à droite.

Bois, haut., 0m,30, larg. 0m,26.

721. — BOL (Ferdinand, élève de Rembrandt). École hollandaise, 1611-1681. — *Portrait du bourgmestre.*

Toile, haut. 0m,70, larg. 0m,53.

722. — VAN ARTOIS (Jacques ou Jacques d'Artois). École flamande, 1613-1665. — *Paysage.* Prairie couverte de grands arbres; à gauche, une rivière. Figures de Michaud ou Pierre Bout.

Toile, haut. 0m,58, larg. 0m,77.

723. — SEGERS ou SEGHERS (attribué à Daniel), dit le Jésuite d'Anvers, 1590-1661. — *Guirlande de fleurs encadrant un buste de la Vierge.*

Haut. 0m,24, larg. 0m,21.

724. — SEGHERS (attribué à Daniel), dit le Jésuite d'Anvers, 1590-1661. — *Guirlande de fleurs encadrant le buste de Jésus.* Pendant du précédent.

725. — SAFTLEVEN ou ZACHLEVEN (Herman). École hollandaise, 1609-1685. — *Petit paysage : vue du Rhin.* Sur le premier plan, personnages finement traités.

Bois, haut. 0m,26, larg. 0m,33.

726. — BERGEN (Dirck van). École hollandaise, 1645-1689). — *Paysage d'Italie avec animaux.* Une vache rouge et blanche d'une très belle facture.

Toile, haut. 0m,25, larg. 0m,32.

727. — VALENTIN (Le). École française, 1601-1632. — *Tête de page,* d'une très belle exécution.

Toile, haut. 0m,48, larg. 0m,38.

728. — MAAS (Nicolas). École hollandaise, 1632-1693. — *Portrait d'enfant en pied.* Costume mythologique, un petit chien saute à son côté.

Haut. 0m,61, larg. 0m,47.

729. — DE BLÉS (attribué à Henri). École flamande, 1480-1525. — Triptyque : au centre, *Adoration des Mages ;* au volet de gauche, *la Nativité;* à celui de droite, *Fuite en Égypte.*

Haut. 0m,95, larg. 0m,62.

730. — BLOOT (attribué à Pierre de). École flamande (XVIIe siècle). — *Buveurs.*

Bois, haut. 0m,32, larg. 0m,25.

731. — VAN LOO (Jacob, fils de Jean). École hollandaise, 1614-1663. — *Baigneuse.* Exécution franche et lumineuse. Signé.

Toile, haut. 0m,72, larg. 0m,55.

732. — VAN LOO (Jacob, fils de Jean). École hollandaise. — *Femme nue, baigneuse.* Pendant du précédent. Signé.

Toile, haut. 0m,72, larg. 0m,55.

733. — HAMILTON (Ferdinand-Philippe). École allemande, 1664-1760. — *Un renard et sa femelle allaitant ses petits.*

Toile, haut. 0m,27, larg. 0m,39.

734. — **MIERIS** (Guillaume). École hollandaise, 1662-1747. — *Alexandre offrant sa maîtresse à Apelle.* Signé à droite. Beau tableau.

Bois, haut. $0^{m},47$, larg. $0^{m},39$.

734. — **LEBRUN** (Gabriel). École française, 1640. — *La Reine de Saba et Salomon.*

Petite toile ronde, diam. $0^{m},28$.

735. — **MURILLO** (Genre de). École espagnole. — *Paysan tenant à la main une grenade.*

Toile, haut. $0^{m},47$, larg. $0^{m},34$.

736. — **CHAMPAGNE** (attribué à Philippe de). École française, 1602-1674. — *Portrait d'un évêque.*

Toile, haut. $0^{m},59$, larg. $0^{m},44$; très beau cadre sculpté.

737. — **DUCREUX** (Joseph). École française, 1737-1802. — *Portrait.* Coiffure et costume de la fin du règne de Louis XVI. Jeune homme.

Haut. $0^{m},50$, larg. $0^{m},60$.

738. — **DROUAIS** (attribué à). École française, fin du XVIIIe siècle. — *Portrait d'une jeune femme.*

Toile ovale.

739. — **BERTIN** (attribué à). École française, 1775-1842. — *Paysage* (vache dans un pâturage).

Toile, haut. $0^{m},39$, larg. $0^{m},31$.

740. — **LAMBRECHT**. École hollandaise, 1670. — *Scène d'intérieur.*

Toile, haut. $0^{m},34$, larg. $0^{m},31$.

741. — LAMBRECHT. École hollandaise, 1670. — *Scène d'intérieur.*

Toile faisant pendant au précédent.

742. — VAN KESSEL (Jean). École flamande. — *Tabagie de singes*, a donné beaucoup de finesse et d'expression à ces animaux.

Bois, haut. 0m,21, larg. 0m,30.

743. — SAFTLEVEN ou ZACHLEVEN (Herman). École hollandaise, 1609-1685. — *Paysage.* Au fond, des collines et une ville; au premier plan, un pâtre couché, reposant sa tête sur un tronc d'arbre abattu; vieux chêne, ustensiles, harnais, panier et gourde; à gauche, un chien noir et blanc couché. (Sur le fond d'une cuve, on lit le monogramme H. S. L. N.)

Toile, haut. 0m,55, larg. 0m,78.

744. — École française (XVIIIe siècle). — L'Amour place des roses sur la tête d'une jeune fille.

Toile, haut. 0m,30, larg. 0m,23.

745. — MIGNARD (École de). École française. — *La Vierge et l'Enfant.*

Toile, haut. , larg. .

748. — VAN KESSEL père (Jean). École flamande, 1626-1679. — Divers oiseaux dans un paysage.

Toile, haut. 0m,20, larg. 0m,26.

749. — VAN DER WERF (Adrien). École hollandaise. — *La Fuite en Égypte, le Repos.* — La Vierge ayant l'Enfant Jésus sur les genoux est assise les bras étendus et les yeux fixés vers le ciel.

Toile, haut. 0m,60, larg. 0m,48.

750. — DE GELDER (attribué à Arnold). École allemande. — Portrait d'un homme vêtu d'une pelisse fourrée et coiffé d'une toque.

Bois, haut. , larg. .

751. — BOUT et BANDEWYNS. École flamande. Vue d'un port de mer, nombreux personnages.

Toile, haut. 0m,29, larg. 0m,40.

752. — École du Parmesan. — Allégorie de l'Architecture : *Femme tenant une colonne.*

Toile, haut. 0m,97, larg. 0m,72. — Sans cadre.

753. — BERGEN (Dirck Van). École hollandaise, 1645-1685. — *Vaches dans un pâturage.*

Toile, haut. , larg. .

754. — BLOEMEN (François Van). École allemande. — Vache maintenue par un homme, et qu'une femme est occupée à traire.

Toile, haut. , larg. .

755. — REMBRANDT (d'après). École hollandaise. — Portrait de Rembrandt jeune.

Toile, haut, 0m,57, larg. 0m,48.

756. — HONDEKOETER (Melchior de). École hollandaise, 1636-1695. — Oiseaux de marais effrayés par l'approche d'un oiseau de proie.

Toile, haut. 0m,80, larg. 1m,10.

757. — DEMACHY. École française. — Intérieur d'une cour avec personnages.

Toile, haut. 0m,32, larg. 0m,24.

758. — DIETRICH (Chrétien-Guillaume). Écol allemande, 1716-1774. — *Tête de vieillard.*

Cadre bois sculpté, haut. 0m,19, larg. 0m,14.

759. — DIETRICH (Chrétien-Guillaume). École allemande, 1716-1774. — *Tête de vieillard.*

Cadre bois sculpté, haut. 0m,19, larg. 0m,14.

760. — HEEM (Corneille de), 1630-1700? École hollandaise, 1639-1679. — Huîtres sur un plat, raisins et autres fruits, bol de porcelaine sur une table recouverte d'un tapis vert frangé.

Toile, haut. 0m,58, larg. 0m,46.

761. — PETERS (Jean). École française, 1630. — Marine, tempête.

Bois, haut. 0m,18, larg. 0m,24.

762. — HEEMSKERK (Egbert van). École hollandaise, 1610-1680. — *Les Noces de Luther.* Réjouissances de l'Enfer à l'occasion des noces de Luther avec la nonne Borh ou Bora. Ce tableau représente l'Enfer. A gauche, Pluton et Proserpine assis près d'une table chargée de mets. Au centre, Luther donne la main à sa femme qu'il présente à ses hôtes; un personnage grotesque les suit portant divers ustensiles de ménage; à droite, des personnages paraissant personnifier les religions grecque et musulmane dont l'un arrose avec une grande cuiller un diable embroché. Derrière ces groupes principaux une foule pressée, dans laquelle on distingue des musiciens, chanteurs grotesques, figures fantastiques, animaux ailés, œufs ailés ou vessies.

Planant sur toute la scène, un diable ailé présente un livre ouvert sur les pages duquel sont écrits en flamand : DE FEST VAN LVTER MET SYN NON qui ne laissent aucun doute sur le sujet de la composition du tableau.

Cette toile est signée HEEMSKERK (et à côté se trouve la signature de Téniers, apocryphe).

Toile, haut. 0m,65, larg. 0m,78.

763. — MIGNARD (attribué à). École française. — Portrait d'une dame parée de riches vêtements.

Toile ovale, haut. 0m,47, larg. 0m,40.

764. — École hollandaise (XVIIIe siècle). — Nature morte. Gigot, viande, poulets. Peinture largement traitée.

Toile, haut. 1m,10, larg. 0m,80.

765. — École française. Inconnu. — Portrait d'évêque.

Toile ovale.

766. — École hollandaise. Monogramme B M O, 1640. École d'Ostade. — *Intérieur de cabaret.* Un homme et une femme dansent au son de la cornemuse jouée par un musicien debout sur un tonneau. Au fond, divers spectateurs.

Signé à droite : B M O, 1640, sur l'épaisseur de la table.

Bois, haut. 0m,43, larg. 0m,50.

767. — École de Van Dyck. — *Saint Sébastien.* Esquisse sur cuivre.

Haut. 0m,35, larg. 0m,26.

768. — École française. — Étude de paysage attribuée à Bertin.

Haut. 0m,20, larg. 0m,33, avec cheval.

769. — École française. — *Ruines.* Étude de paysage attribuée à Bertin.

Haut. 0m,20, larg. 0m,33.

770. — École flamande. — *Fumeur.*

150 — Haut. 0m,22, larg. 0m,32.

771. — LANTARA (Simon-Mathurin). École française, 1729-1778. — *Lisière d'un bois.*

Toile, haut. 0m,45, larg. 0m,55.

772. — École flamande. — *Abbé.* Petit portrait sur cuivre.

Haut. , larg. .

773. — FLINCK (d'après Govaert). École hollandaise. — Portrait d'une jeune femme, vue de face et accoudée.

Haut. 0m,19, larg. 0m,14. — Cadre, bois sculpté.

774. — BRIL (genre de Paul). École flamande. — Petit paysage sur cuivre.

775. — BRIL (genre de Paul). École flamande. — Petit paysage, pendant du précédent.

776. — Inconnu. École française. — Portrait de l'abbé comte de Blangy.

777. — FRAGONARD (École de). — *Pygmalion.*

778. — École française. — *Amours* (provenant d'une décoration).

DESSINS

770. — Pastel. — Portrait d'homme, coiffé d'un chapeau de haute forme, à larges bords, tenant à la main un dessin roulé. Costume de la fin du XVIIIe siècle (collection de Bazinghem).

771. — Pastel. — *Tête de femme endormie.* D'après BOUCHER.

772. — MERTENS (Jean-Corneille). École hollandaise, 1745-1820. — Portrait, au crayon noir, d'un homme coiffé d'un chapeau à haute forme. Excellent dessin daté 1815.

773. — LALLEMAND (J.-B). École française, 1710-1800. — Deux dessins encadrés, aquarelles, scènes pastorales.

774. — DONCRE. — *Tête de jeune garçon.* Mine de plomb.

775. — DIEPENBECKE. — *Sainte Élisabeth.* Lavis. Cadre sculpté.

SCHAERBECK. — Paysage. Lavis.

KUYPER. — *Turc fumant.* Aquarelle.

TIEPOLO. — *Un centaure.* Lavis de bistre.

École française du XVIIe siècle. *Toilette de Vénus.* Gouache.

DIVERS

(GRAVURES, DESSINS, PEINTURES, ETC.)

776 à 799 :

Grande gravure intitulée : *Poussez ferme !*
Grande gravure : JOY DE MEZETIN.
Petite gravure.
Gravure moyenne : *Chevaux à l'écurie.*
Petite gravure : *Effet de neige.*
Gravure moyenne : *Basse-cour.*
Gravure moyenne : *Port de mer.*
Grande gravure : *Maison rustique.*
Grande gravure : *Occupation de la bergère.*
Gravure moyenne : *Homme avec lyre et Femme.*
Gravure moyenne : *Alliance de Bacchus et Vénus.*
Gravure, signée : CONSTANTIN.
Dessin, signé : LUC GIORDANO.
Gravure : *le Brave Crillon.*
Gravure : *Cataracte de la Suze.*
Peinture. Initiale, *Fleurs et paysage.*
Gravure : *Environs de Viterbe.*
Gravure : *Environs de Bonn.*
Gravure : *Environs du Necker*, par FRANCFORT.
Gravure : *Environs de Coblentz.*
Gravure : *Henri IV.*
Gravure : *Thomas Lawrence.*
Gravure : *la Confidence.*
Peinture : *Paysage.*
Grande gravure : *Thalie* (Muse).
Grande gravure : Autre Muse.
Grande gravure : *Tête de femme.*

GRAVURES

800. — Gravure encadrée, par LEGRAND, d'après SCHALL, *la Saison des amours;* en couleur.

801. — Gravure encadrée, par VANGÉLISTY, d'après VIEN, *l'Amour empressé.*

Gravure encadrée, par VANGÉLISTY, d'après le GUIDE, *Pyrame et Thisbé.*

802. — Deux gravures encadrées, couleur bistre, par COCHIN, *l'Histoire de Télémaque.*

803. — Gravure, par BONNET, d'après HUET, *Jupiter couvre la terre de nuages pour jouir d'Io.*

804. — Grande gravure encadrée, d'EDELINCK, d'après le tableau de MIGNARD, *la Famille de Darius implorant la clémence d'Alexandre.*

805. — Douze portraits dans des cadres ovales, gravés en couleur, par ALIX, *Buffon, Condillac, d'Alembert, Fontenelle,* etc., etc.

806. — Gravure, par VAN SCHUPPEN (1660), d'après V. VAILLANT, *Portrait de Louis XIV.*

809. — Gravures encadrées, par BEAUVARLET, d'après DROUAIS, *Comte d'Artois et comte de Provence.*

810. — Trois gravures, par DESCOURTIS, d'après TAUNAY, *le Tambourin, la Rixe, la Danse,* en couleur et encadrées.

DUBUCOURT, *la Bénédiction paternelle,* en noir.

811. — DUBUCOURT, *la Rose mal défendue*, en couleur.

812. — Gravure encadrée, par PORPORATI, d'après SANTERRE, *Suzanne au bain.*

813. — Gravure encadrée, d'après ALBANE, *Diane surprise par Actéon.*

814. — Gravure encadrée, par JANINET, d'après WILLE, *le Repas des moissonneurs*, en couleur.

815. — Gravure encadrée, de FRANÇOIS BENSECOM, à Amsterdam (1602), d'après NICOLAS DEBRUYN, *Kermesse,* coloriée.

816. — Gravure encadrée; PORPORATI, d'après POMPÉE BATTONI, *Vénus qui caresse l'Amour.*

817. — Gravure encadrée; par DENNEL, d'après LAGRENÉE, *Pygmalion amoureux de sa statue.*

818. — Gravure encadrée; par LEVASSEUR, *Confiance d'Alexandre en son médecin.*
Pendant à la précédente.

819. — Gravure encadrée ; par MOREAU et SIMONET, d'après une gouache de BAUDOUIN, *le Modèle honnête.*

820. — Gravure encadrée; par DENNEL, d'après LAGRENÉE, *Triomphe de la peinture.*
Gravure encadrée; par DREVET, d'après COYPEL, *le Sacrifice d'Abraham.*

821. — Gravure encadrée; par DUBUCOURT, *la Manie de la danse.*

822. — Gravure encadrée; par FRENDENBERG, *la Bonne mère* (en couleur).

823. — Gravure encadrée; par DELAUNAY, d'après LAWRENCE, *le Petit jour* (en couleur).

825. — Suite de quatre gravures; *Histoire de don Quichotte*, gravures en couleur, par DECOURTIS, d'après SCHALL, encadrées.

826. — Gravure encadrée; de CORPULL, d'après TÉNIERS, *Tabagie flamande,* gravure en couleur.
Gravure encadrée; de SPONNER, d'après TÉNIERS, *Concert flamand,* gravure en couleur.

827. — Gravure encadrée, par ALIX, en couleur avant la lettre, portrait de Charlotte Corday.

828. — Gravure encadrée. Vue d'une fontaine antique, par HUET, gravé par JUBIER.

829. — Gravure encadrée, *les Pêcheurs*, par HUET, gravé par JUBIER.

830. — Petite gravure ovale, en couleur, encadrée, portrait de Souvaroff.

831. — Deux gravures en couleur, faisant pendant, *le Matin* et *le Soir*, sujet de chasse, par MORLAND.

832 à 880 :

LAWRENCE. — *Lev. des ouvrières en mode,* ancienne couleur.
BOUCHARDON. — *Enfant dormant*, sanguine.
RYGWAY-KNIGHT. — *Le Produit d'une vente.*
École française. — *Henri IV et Sully*, gravure en couleur.

École française. — Sur soie, *Concert d'enfants.*

École française. — *Un mariage,* sur soie, couleur.

École française. — *Une déclaration.*

Le prince. — Gravure bistre, scène russe, cadre de Bagard.

Baudouin. — *Le Fruit de l'amour secret,* par Voyez.

Rigaut. — *Guillaume de Vintimille.*

Baudouin. — *Qu'en dit l'abbé?* par de Launay.

Dubucourt. — *La Promenade politique,* contrefaçon.

Baudouin. — *L'Enlèvement nocturne.*

Baudouin. — *Le Coucher de la mariée.*

Sicardi. — *Il dort.*

Corrège. — *Jupiter et Io.*

Norblin. — Deux eaux-fortes, manière de Rembrandt.

Ex-libris. — Soixante-seize pièces en album.

Album. — Réunion de gravures et de photogravures, d'objets d'art.

Album. — Réunion de gravures anciennes, dessins, gravures de Callot.

LIVRES

880 à 900 :

Dictionnaire des peintres, de GUÉDY.
Les Pierres précieuses, de RAMBOSSON.
Guide de l'amateur de porcelaine, de TH. GRAESE.
Armorial d'Hauterive, 3 vol.
Armorial d'Eschavannes.
6 vol. de *l'Histoire des peintres,* de CH. BLANC.
Noblesse et chevalerie, de ROGER.
Dictionnaire des arts décoratifs.
Céramique d'Orient, 2 vol.
Dictionnaire des marques, de RIS-PAQUOT.
Guide : *Faïence et porcelaine,* d'AUG. DEMIN.
Porcelaine de Tournay.
L'Art de la verrerie, de GERSPACH.
Armorial des villes de France.
Album in-folio, couverture parchemin, avec traverse et contenant diverses gravures.
L'Art ornemental.
Catalogue et album de la vente Spitzer et objets omis.

10996. — MAY et MOTTEROZ, L.-Imp. réunies,
7, rue Saint-Benoît, Paris.

www.ingramcontent.com/pod-product-compliance
Ingram Content Group UK Ltd.
Pitfield, Milton Keynes, MK11 3LW, UK
UKHW020347180726
13839UKWH00002B/966

9 782329 523828